DIE TRAUMHAFTE WELT DER ELFEN

DIE TRAUMHAFTE WELT DER ELFEN

BEZAUBERNDE GESCHICHTEN AUS DEM ELFENLAND

Von
NICOLA BAXTER

Illustrationen von
BEVERLIE MANSON

Der Text dieses Buches entspricht den Regeln der neuen deutschen Rechtschreibung.

ISBN 3-8094-1818-8

Originaltitel: The Magical World of Fairies

Zeichnungen: Beverlie Manson/Advocate
Übersetzung: Inge Uffelmann, Bayreuth
Redaktion: Herta Winkler
Layout: Amanda Hawkes

Satz: Filmsatz Schröter, München

Printed in Singapore

817 2635 4453 6271

Inhalt

Die Zeit des Neubeginns

Wenn die ersten winzigen, grünen Triebe aus der samtigen Erde sprießen, ist es noch bitterkalt. Raureif glitzert auf den Spinnweben zwischen den verdorrten Gräsern am Waldesrand. Doch die ersten grünen Triebe bergen eine Botschaft und die Elfen kennen sie. Obwohl es zur Entfaltung ihrer Flügel noch zu kalt ist und sie noch immer eng aneinander gekuschelt in den Baumhöhlen sitzen, in denen sie den Winter verbracht haben, wissen sie, dass jetzt der Frühling naht. Jedes Mal, wenn die blasse Sonne milde Strahlen schickt, recken sich mehr und mehr Keimlinge dem Licht entgegen.

Täglich gewinnt die Sonne an Kraft. Die Elfen lugen aus ihren Höhlen und wenden ihre Gesichter den goldenen Strahlen zu. Das sprossende Grün hat kleine Knospen hervorgebracht. Eines Tages findet eine kleine Elfe das erste Schneeglöckchen. Sanft nickt sein Blütenköpfchen im Wind, und die Elfe eilt, um es ihren Freunden zu berichten.

»Sie wird bald kommen!«, ruft sie. Alle Elfen wissen, wen sie meint: Sobald sich nämlich die ersten Frühlingsblumen zeigen, kommt die Elfenkönigin, um ihr kleines Volk zu begrüßen und ihm mitzuteilen, dass die Zeit des Neubeginns angebrochen ist.

In diesem Jahr gilt der erste Besuch der Königin einer Waldlichtung. Es ist einer ihrer Lieblingsplätze. Während sie zu den edlen alten Bäumen hinaufblickt, denkt sie daran, dass die Elfen noch viel älter sind und ihre Zauberkraft bis zu den Anfängen der Zeit zurückreicht.

Die Königin hebt die Hand, und ein winziger Elf spielt auf einer kleinen Schilfrohrflöte eine liebliche Melodie. Sofort eilen alle in der Nähe lebenden Elfen zu der Lichtung. Aus Freude, die geliebte Königin zu sehen, klatschen sie in die Hände und machen artige Diener oder tiefe Knickse.

»Mein liebes Elfenvolk«, spricht die Königin. »Während der kalten Wintertage haben wir uns alle ausgeruht. Doch nun ist die Zeit des Neubeginns angebrochen und wir müssen wieder fleißig sein. Was habt ihr mir Neues zu berichten?«

Die Elfen erzählen ihr von all den kleinen Zeichen, die sie überall beobachtet haben. Sie erwähnen die Vögel, die mit Heuhalmen im Schnabel Ausschau halten nach Zweigen, auf denen sie Nester bauen können. Sie berichten von den Eichhörnchen, den Feld-, den Wühl- und Spitzmäusen, die alle emsig ihre schmutzigen Bauten putzen, um neue Junge darin aufziehen zu können.

»Dann wisst ihr ja, was ihr zu tun habt«, sagt die Königin. »Lobelia, du hast wie jedes Jahr die Oberaufsicht! Sobald der Frühling in Blüte steht, komme ich zurück. Macht's gut!«

Es ist die Aufgabe der Elfen, all den kleinen, neugeborenen Kreaturen beizustehen. Natürlich kümmern sich die Mütter und Väter der Tierbabys um ihre Kleinen, aber die Elfen können auf unerwartete Weise Hilfe leisten. Vom Morgengrauen bis zum Abendrot sitzt Lobelia am Fuß einer mächtigen Eiche und erteilt den Elfen Rat, die mit ihren Fragen und Problemen zu ihr kommen.

»Ein flauschiges Entenküken hängt mit seinem Füßchen im Schlick am Seeufer fest!«, berichtet aufgeregt eine kleine Elfe.

»Mach dir keine Sorgen«, beruhigt Lobelia. »Das kommt jedes Jahr vor. Die Mutter wird es bald befreien. Erwachsene Enten haben viel Erfahrung mit Schlick!«

»In einer Weißdornhecke ist ein Nest mit vier wunderschönen Eiern«, ruft Spinnweb. »Aber die Elternvögel habe ich seit gestern nicht mehr gesehen.«
»Das ist bedenklich lange«, sagt Lobelia. »Suche Federn und Distelwolle, um die Eier damit warm zu halten, bis die Eltern wiederkommen.«

»Die wilden Narzissen scheinen dieses Jahr nicht blühen zu wollen«, berichtet Eibe. »Was können wir da tun?«

»Ja, das passiert manchmal«, seufzt Lobelia. »Aber tief im Boden bilden sich schon die Triebe für das nächste Jahr. Wir müssen einfach Geduld haben.«

Eines Morgens, als Lobelia zur Waldlichtung kommt, fühlt sie warme Sonnenstrahlen auf ihrem Gesicht. Sie lächelt voll Freude. Der zarte Ton der Schilfrohrflöte ruft alle Elfen zusammen.

»Meine Lieben«, spricht Lobelia mit erhobener Stimme, damit alle sie hören können, »heute Morgen spürte ich die warme Sonne auf meinem Gesicht und ich wusste, die Zeit ist gekommen. Ihr könnt fliegen!«

Ein Sturm der Begeisterung bricht los. Der erste Flugtag ist nämlich einer der aufregendsten Tage im Elfenjahr. Im Winter ist es zu kalt für die zarten Elfenflügel. Sie könnten gefrieren und brechen. Doch im warmen Sonnenschein können die Elfen ihre Flügel entfalten. Viele glückliche Elfen werden heute durch die Lüfte schwirren.

»Bin ich froh«, jauchzt Spinnweb. »Die ganze Woche musste ich mühsam zu dem Vogelnest hinaufklettern. Fliegen ist doch sehr viel leichter!«

Langsam öffnen die Elfen ihre zerknitterten Flügel und die warmen Sonnenstrahlen bügeln alle Falten aus. Ein Summen und Brummen und freudiges Kichern erfüllt die Luft, als die Elfen eine nach der anderen zu fliegen beginnen. Mit ausgebreiteten Armen und elegant gestreckten Zehen schweben sie in der lauen Brise. Einige der Kleinsten versuchen übermütige Kunststückchen, doch *plumps,* landen sie auf ihrem Hinterteil im weichen Gras.

»Kommt, Kinder«, ruft Lobelia lachend, »es gibt noch viel zu tun!«

Nun kann der Frühling gar nicht schnell genug kommen. An den Bäumen sprießen neue grüne Blätter, im Tal blühen Blumen auf. Aus allen Nestern und Bauten hört man die piepsenden Stimmchen der neugeborenen Tierbabys.

»Haben Elfen auch Babys?«, will Viola wissen, während sie Lobelia eine zerbrochene Eierschale zur Begutachtung reicht.

»Weißt du, wir Elfen haben ein sehr, sehr langes Leben«, erklärt Lobelia. »Deshalb brauchen wir nur wenig Nachwuchs. Doch manchmal, wenn der Frühling ausbricht und die ganze Welt einen neuen Anfang zu nehmen scheint, dann kann es passieren, dass ein winziger Tautropfen ganz besonders schön und bunt in der Sonne funkelt. Aus einem solchen Tropfen kann eine neue Elfe geboren werden. Erst letztes Jahr ist das wieder geschehen, denn da bist *du* zur Welt gekommen.«

In den folgenden Tagen nähert sich Viola jedem Spinnennetz, an dem glitzernde Tautropfen hängen, mit angehaltenem Atem. Doch nichts geschieht.

Eines Morgens aber, als Viola gerade an einer frisch aufgeblühten Wildkirsche vorbeifliegt, erhascht sie einen zauberhaften Anblick. In der Nacht war leichter Nieselregen gefallen und noch immer netzen winzige Tröpfchen die zartrosa Blüten. Sacht landet Viola auf einem Zweig und sieht, wie ein Sonnenstrahl einen Regentropfen einfängt und in allen Farben schillern lässt. Mit einem hellen Ton platzt der Tropfen – und in der Blüte liegt ein lächelnder Elfenwinzling.

Das königliche Wettfliegen

Während des ganzen Frühjahrs tummeln sich die geschäftigen Elfen unermüdlich. Sie schauen nach den frisch geschlüpften Piepmätzen, sprühen Regentropfen auf junge Pflänzchen, zerren trockene Herbstblätter vom letzten Jahr beiseite, damit die Sonnenstrahlen die schüchternen jungen Blumen unter den Bäumen und Hecken erreichen können. Täglich wird es ein bisschen wärmer, und plötzlich bricht überall neues Leben hervor.

Eines Morgens begegnen sich zwei kleine Elfen hoch oben in der Krone eines majestätischen Baumes.

»Achtung!«, ruft Ribisel, »ich lande!«

Er schwirrt heran und lässt sich auf demselben Ast nieder, auf dem Reseda, eine wunderschöne kleine Elfe, sitzt.

»He, das war eine tolle Landung!«, lobt Reseda. »Du hast eine Menge dazugelernt. Weißt du noch, wie wir letztes Jahr zusammengestoßen sind und auf dem Misthaufen landeten? Wochenlang haben wir gestunken!«

»Da war ich noch sehr klein«, entgegnet Ribisel abgeklärt. »Von einem Baby kann man keine ausgefeilten Flugkünste erwarten. Aber ich habe viel geübt. Schau mal!«

Ribisel lässt sich vom Ast fallen und macht einen Salto rückwärts mit gedrehter Flügelschraube.

»Aber kannst du auch das?«, fragt Reseda, fliegt eine elegante Doppelacht und landet ohne zu wackeln auf den Zehenspitzen eines Fußes.

Die beiden Elfen übertrumpfen sich gegenseitig mit immer akrobatischeren Flugfiguren. Schließlich müssen sie ganz erschöpft auf einem Zweig landen. Plötzlich hat Ribisel eine Idee. »Wir könnten ein Wettfliegen veranstalten!«, kräht er.

»Für ein Wettfliegen habe ich keine Puste mehr«, schnauft Reseda.

»Aber ich meine doch nicht jetzt und hier und zwischen uns beiden«, sagt Ribisel ungeduldig.

»Sondern?«, fragt Reseda neugierig.

Ribisel erklärt, dass er sich ein Wettfliegen aller Elfen vorstellt. »Es wäre doch eine schöne Abwechslung nach all der vielen, schweren Arbeit der letzten Wochen. Und bestimmt würde es allen eine Menge Spaß machen.«

»Keine schlechte Idee«, muss Reseda zugeben. »Aber es wäre unfair, wenn die älteren Elfen gegen die Kleinen antreten. Und einige der Elfen sind auch, wie soll ich sagen, etwas *pummeliger* als die anderen.«

»Es muss natürlich verschiedene Wettkämpfe für die unterschiedlichen Alters- und Gewichtsklassen geben. Dann ist es fair. Oder die älteren Elfen müssen später starten als die jüngeren«, sagt Ribisel. »Das ist eine gute Lösung«, stimmt Reseda zu. »Komm, fragen wir die anderen.«

Bald ist die Nachricht vom Wettfliegen im ganzen Elfenland bekannt. Die meisten Elfen sind hell begeistert. Auch der Königin gefällt die Idee, und obwohl sie keine Zeit haben wird, am Wettflug teilzunehmen, will sie doch am Ende die Preise verleihen.

»Dadurch wird es ein *königliches* Wettfliegen«, erklärt Reseda stolz.

Am festgesetzten Nachmittag versammeln sich die Elfen auf der Lichtung. Nicht alle wollen am Wettkampf teilnehmen, manche möchten nur ihre Freunde anfeuern und bei der Siegerehrung dabei sein. Alles ist bestens organisiert. Die Flugstrecke führt bis zum Waldrand und durch ein Tal zurück zur Lichtung. Wer als erster den Stamm der alten Eiche berührt, ist Sieger. Aber auch die anderen Teilnehmer sollen Preise bekommen.

Als Erste stellen sich die ganz kleinen Elfen auf. »Auf die Plätze, flattert, FLIEGT!«, ruft Malve, die zur Rennleiterin ernannt wurde.

Die kleinen Elfen schwirren los. Malve schaut auf ihre Gänseblümchen-Uhr. Nach genau fünf Minuten gibt sie den etwas größeren Elfen das Startkommando:
»Auf die Plätze, flattert, FLIEGT!« Und auch sie stieben los.

Als Letzte starten die großen, flugerfahrenen Elfen. Aufgeregt tänzeln sie auf den Zehenspitzen, und prompt kommt es zu einem Fehlstart. Doch schließlich fliegen auch sie flugs davon.

»Sie werden die Kleinen mühelos einholen«, sagt Malve, während sie den besten Fliegern nachschaut.

»Da bin ich nicht so sicher«, versetzt eine melodische Stimme. Es ist die Elfenkönigin. »Einige der kleinen Flieger sind sehr vielversprechende Talente. Besonders die kleine Imme hat die flottesten Flügelchen, die ich je gesehen habe.«

»Das stimmt, Euer Hoheit«, antwortet Malve mit einem tiefen Knicks. »Aber Gibli ist auch ein guter Flieger, der geschickt den Böen ausweicht.«

Die Königin blickt zum Himmel. »Du hast Recht«, sagt sie, »der Wind hat aufgefrischt. Ich hoffe, alle Elfen kommen wohlbehalten zurück.« Die Baumkronen biegen sich bereits verdächtig und laut rascheln die Blätter.

Doch alle Elfen kehren sicher zurück. Erste ist eine erfahrene Fliegerin namens Melissa. »Gibli war mir voraus«, berichtet sie noch ganz außer Atem, »und die kleine Imme war sogar noch flinker. Doch dann hat ein mächtiger Windstoß sie über die Wolken gepustet, und Gibli flog ihr hinterher. Danach habe ich sie nicht mehr gesehen.«

Eine nach der anderen kommen die Elfen zurück – außer Imme und Gibli. Die Königin macht ein besorgtes Gesicht. Doch plötzlich hört man ein lautes, fröhliches Quieken und alle schauen hoch. Über ihren Köpfen schwirren Imme und Gibli.

Melissa hat das Rennen natürlich gewonnen. Aber alle sind sich einig, dass die wahren Sieger die Elfen sind, die zuletzt kamen.

»Gibli und Imme sind zweifellos unsere größten Flugkünstler«, sagt die Königin und setzt ihnen Krönchen aus Blüten und Tautropfen auf. »Hipp, hipp, hurra!«, jubeln alle. »Hoch lebe Gibli, der schnell fliegt wie der Wind! Hoch lebe Imme, die noch schneller fliegt!«

Die Schmetterlingskinder

Schon im Frühling sind die Elfen sehr emsig. Wenn aber die Tage länger und wärmer werden, bekommen sie noch mehr zu tun. Da gibt es neugeborene Tierbabys zu betreuen. Da muss darauf geachtet werden, dass alle Blüten von den Bienen besucht werden. Und die Elfen nehmen ihre Arbeit sehr ernst. Doch manchmal unterlaufen auch ihnen kleine Fehler …

Der kleine Phlox und seine Freundin Arnika sind sehr fleißige Elfen, die es gar nicht abwarten können, endlich auch die Arbeit der großen Elfen zu tun. Doch leider hören sie manchmal nicht genau zu, wenn ihnen die älteren Elfen etwas erklären.

Jeden Abend, wenn langsam die Sonne hinter dem Wald untergeht, kommen die Elfen in kleinen Gruppen zusammen. Dann erteilen die erfahrenen Elfen den Kleinen Unterricht und lehren sie alles, was sie wissen müssen. Etwa, wie man ein Amselei vom Ei einer Meise unterscheidet. Oder wie man einem Igelbaby hilft, das in eine Pfütze gefallen ist, und wie man die Vögel dazu bringt, ein paar Beeren an den Sträuchern hängen zu lassen, damit neue Sträucher wachsen können.

Der Unterricht ist sehr spannend und lehrreich, und es ist ein Glück, dass Elfen so lange leben, denn es braucht Jahre, bis man alles über das Leben in der Natur gelernt hat.

Auch Phlox und Arnika müssen viel lernen, und es wäre besser, sie würden aufpassen, aber sie tuscheln und kichern lieber. Lenzing erteilt heute Unterricht über Schmetterlinge. Phlox und Arnika lauschen lange genug, um zu hören, dass manche Schmetterlinge Eier auf Brennnesselblätter legen, dann aber finden sie es viel lustiger, sich gegenseitig zu kitzeln und anderen Schabernack zu treiben.

Myrtillus, der heute die Aufsicht führt, blickt die beiden ungezogenen Elfchen streng an. Für einen Moment nehmen sich Phlox und Arnika zusammen, doch dann wispern und gickern sie schon wieder. Schließlich beendet Myrtillus den Unterricht. »Wir haben heute alle hart gearbeitet«, sagt er nachsichtig, »und vor allem die Kleinen sind müde. Es ist schwer, aufmerksam zu sein, wenn man müde ist. Morgen werdet ihr erfahren, wie wir den Schnecken helfen.«

Schade, dass Phlox und Arnika nicht gut zugehört haben, denn schon am nächsten Tag beobachten sie, wie sich ein wunderschöner Schmetterling namens Pfauenauge auf einer Nessel niederlässt. Mucksmäuschenstill schauen sie zu, wie der große Schmetterling seine prächtigen Flügel in der Sonne entfaltet. Hilfe scheint hier nicht nötig zu sein.

»Ich wünschte, wir wären schon älter und bekämen richtige Erwachsenenarbeit zugeteilt«, flüstert Phlox. »Ich bin es leid, dass wir immer wie dumme Kleinkinder behandelt werden.«

»Ich auch«, sagt Arnika. »Oh, Phlox, schau mal!«

Plötzlich schlägt das Pfauenauge mehrmals mit seinen bunten Flügeln und flattert davon. Als eines der Nesselblätter sich im Wind bewegt, sieht man, dass auf der Unterseite viele winzige Eierchen kleben. Da sie olivgrün sind, kann man sie nur ganz schwer erkennen.

»Das ist eine Arbeit für uns!«, ruft Phlox. »Aus den Eiern werden Schmetterlingskinder schlüpfen. Um die müssen wir uns kümmern. Bestimmt können sie am Anfang noch nicht gut fliegen. Wir wollen jeden Tag kommen und schauen, wann sie schlüpfen.«

Die beiden kleinen Elfenfreunde sind ganz aufgeregt. Sie machen aus, die Sache mit den Schmetterlingskindern geheim zu halten. »Sonst«, sagt Arnika, »kommen uns nur wieder die älteren Elfen in die Quere. Dabei sind es doch *unsere* Schmetterlingsbabys.«

Tagelang behalten die beiden die Eier gewissenhaft im Auge, doch es rührt sich einfach nichts. Nach einiger Zeit wird ihnen die Sache langweilig. Sie kommen nur noch kurz vorbei, um zu sehen, ob die Eier noch da sind. Dann fliegen sie rasch weiter. Eines Tages sind sie so damit beschäftigt, mit den Libellen Haschen zu spielen, dass sie die Eier vollkommen vergessen.

»Ich glaube, aus den Eiern schlüpfen gar keine Schmetterlinge«, sagt Arnika am Abend, als ihr einfällt, dass sie gar nicht danach geschaut haben. »Wir können ja morgen noch einmal nach ihnen sehen.«

»Du hast Recht«, sagt Phlox. »Überhaupt, wie sollte auch so etwas Großes wie ein Schmetterling aus so winzigen Eiern kommen?«

»Dummkopf«, lacht Arnika. »Wenn sie schlüpfen, sind sie natürlich ganz winzig. Sie wachsen erst später.«

Aber Phlox ist mit der Antwort nicht recht zufrieden. Winzige Pfauenaugen hat er nämlich noch nie gesehen. Er sagt aber nichts, denn er will nicht, dass Arnika ihn auslacht.

Als die beiden am nächsten Tag zu der Brennnessel kommen, an deren Blättern die olivgrünen Eierchen klebten, bekommen sie einen gewaltigen Schreck. Die ganzen Eier sind weg! Stattdessen wimmelt die Pflanze von länglichen schwarzen Dingern, die überall auf den Blättern herumkriechen.

»Igitt!«, schreit Phlox. »Was ist denn das?«

Arnika kommt ein schrecklicher Verdacht. »O weh, o weh«, schluchzt sie. »Diese scheußlichen schwarzen Dinger haben die Schmetterlingseier gefressen!«

Das scheint zu stimmen, denn es ist kein einziges Ei mehr zu sehen. Phlox und Arnika haben ein ganz schlechtes Gewissen. »Wären wir doch bloß gestern vorbeigekommen«, jammert Arnika unter Tränen, »dann hätten wir sie bestimmt retten können. Ich glaube, diese Dinger müssen viele der Eier fressen. Ich habe nämlich noch nie Schmetterlingsbabys gesehen.«

»Das habe ich auch schon gedacht«, sagt Phlox. »Wir kommen wieder, wenn die schwarzen Dinger weg sind. Vielleicht finden wir dann noch ein paar Eier.«

Doch obwohl die beiden immer wieder nachschauen kommen, wollen die ekelhaften schwarzen Dinger nicht verschwinden. Die Brennnesselblätter scheinen ihnen zu schmecken, denn quietschvergnügt mampfen sie ein Blatt nach dem anderen weg. Und dabei werden sie immer dicker und größer.

Arnika und Phlox wagen sich nicht in die Nähe der schwarzen Würmer. Aus gebührendem Abstand beobachten sie, wie die Dinger nicht nur fett werden. Es wachsen ihnen auch garstige Stacheln auf dem Rücken und überall bekommen sie kleine weiße Punkte.

»Ich habe eine schlimme Ahnung«, sagt Phlox eines Tages. »Schau nur, wie die Dinger immer größer und fetter werden. Was, wenn sie eines Tages …« Er kann vor lauter Angst seinen Gedanken gar nicht aussprechen.

Arnika versteht ihn, denn auch sie hat diese Angst. »Du meinst, wenn diese Monster eines Tages so groß werden wie, wie, wie Eichhörnchen? Wie eine Kuh? Oder wie ein Baum?«

»Ja. Und alles wäre unsere Schuld«, flüstert Phlox. »Diese Ungeheuer fressen womöglich die ganze Welt auf … wenn wir nichts unternehmen. Vielleicht sollten wir es doch den anderen erzählen?«

Arnika schüttelt energisch den Kopf. »Nein. Die wären nur böse mit uns«, sagt sie. »Versprich mir, dass du es niemandem sagst!« Phlox verspricht es, denn auch er fürchtet, die anderen Elfen könnten böse mit ihnen sein.

Aber die komischen kriechenden Dinger werden größer und immer größer, bis sie eines Tages – verschwunden sind!

»Sie sind weg!«, schreien beide wie aus einem Mund, als sie zur Brennnessel kommen. Nur ein paar komische Gebilde hängen an einigen der Stängel, doch die beiden sind so aufgeregt, dass sie es gar nicht bemerken.

In panischer Angst wollen sie nach Hause fliegen. Doch in ihrer Aufregung stoßen sie, *pardauz*, mit Lenzing zusammen. Unter großem Wehgeschrei stürzen sie alle drei zu Boden.

Nachdem er sich aufgerappelt hat, will Lenzing die beiden tüchtig ausschimpfen. Doch dann bemerkt er, dass Phlox und Arnika ganz verängstigt sind. »Was ist denn los mit euch?«, fragt er. Und nun sprudelt die ganze Geschichte aus den beiden heraus.

Lenzing stellt eine Menge Fragen. Welche Farbe die kleinen Eier hatten, will er wissen, und wie groß die weiß gepunkteten schwarzen Dinger zuletzt waren. Sehr besorgt scheint er nicht zu sein.

»Aber die Monster werden uns alle auffressen!«, schluchzt Phlox.

Lenzing lächelt. »Kommt mit mir«, sagt er, und zusammen mit den beiden Kleinen fliegt er zum nahen Feld hinüber und zeigt ihnen verschiedene Pflanzen, an denen überall solche komischen fetten Dinger sitzen, die sich winden und schlängeln und fröhlich Blätter mampfen.

»Man nennt sie Raupen«, erklärt Lenzing. »Es gibt verschiedene Arten und alle mögen nur ganz bestimmte Blätter. Aber sie tun niemandem etwas zuleide.«

»Doch!«, jammert Arnika. »Sie haben die Schmetterlingseier gefressen! Das ist doch schrecklich.«

»Nein«, lacht Lenzing, »sie haben die Eier nicht gefressen. Sie sind aus ihnen geschlüpft.«

»Das ist unmöglich!« Phlox ist entsetzt. »Kinder sehen aus wie ihre Eltern. Aber diese Raupen sehen nicht wie Schmetterlinge aus!«

»Das ist ja gerade das Wunderbare«, erklärt Lenzing lächelnd. »Wenn die Raupe rund und dick geworden ist, verwandelt sie sich.«

»In einen Schmetterling?!«

»Nein. Diese grünen Gebilde, die ihr an der Brennnessel hängen saht, das sind die verwandelten Raupen. Sie spinnen sich in einen Faden ein, man nennt sie dann Puppen, und in dieser Fadenhülle verwandeln sie sich. Jetzt müssen wir abwarten.«

Nach einigen Wochen fliegen Arnika, Phlox und Lenzing zu der Brennnessel und beobachten, was geschieht. Die grünen Gebilde sind fast durchsichtig und in ihrem Inneren kann man

Muster erkennen. Plötzlich reißt eines auf und ein Schmetterling kommt heraus.

»Aber er hat ja ganz zerknitterte Flügel!«, ruft Arnika.

»Genau wie wir Elfen im Winter«, flüstert Lenzing. »Sie müssen ihre Flügel auch erst in der Sonne wärmen. Es dauert nicht lang. Seht!«

Noch während Lenzing spricht, hat der Schmetterling seine Flügel ausgebreitet. Zwei, drei Mal schlägt er damit, dann erhebt er sich in die Luft und flattert davon. Die kleinen Elfen sind so fasziniert, dass sie weder wispern noch kichern.

Lenzing schaut sie an und lächelt. »Die beiden werden einmal ganz besonders gute Elfen sein«, denkt er bei sich.

Der Sommer-blüten-Ball

Auf ihrer täglichen Wanderung über den Himmel bringt die warme Sonne die Düfte und Klänge der langen Sommertage mit. Bald sind die Tage so lang, dass zwischen Sonnenuntergang und Sonnenaufgang kaum Dunkelheit zu herrschen scheint. Am längsten Tag des Jahres wollen die Elfen ihr Mitsommernachts-Fest feiern, den Blütenball.

Alle Elfen singen und tanzen für ihr Leben gern. Doch der Blütenball bietet noch mehr. Bei diesem Fest dürfen sich die jungen Elfen ihre Lebensaufgabe und ihren endgültigen Namen wählen.

Natürlich haben die meisten Elfen bereits einen Namen. Die älteren Elfen wählen ihn je nach dem Aussehen oder den besonderen Fähigkeiten der Kleinen. Ein begabter Flieger wie Gibli ist nach einem Wind benannt. Eine Elfe, der die Farbe Violett besonders gut steht, wird Viola genannt. Beim Blütenball aber können die Elfen, denen ihr Name nicht gefällt, die Königin um einen neuen Namen bitten.

Bis zum eigentlichen Festtag selbst werden keinerlei Vorbereitungen getroffen. Aus gutem Grund. Der Ball soll am längsten Tag des Jahres stattfinden, doch ist gutes Wetter dafür natürlich ganz wichtig. Beginnt der Tag mit Regenschauern, lässt die Königin verkünden, dass das Fest verschoben wird, bis wieder strahlendes Sommerwetter herrscht. Deshalb bereiten die Elfen erst am Festtag alles vor.

Für die Schmuckgirlanden bringen die kleinen Elfen Blüten herbei, wobei sie sorgsam darauf achten, niemals zu viele Blüten zu pflücken. Die älteren Elfen leihen sich Stachel von den Igeln und nähen damit die Blüten zu bunten Dekorationen zusammen.

Andere Elfen schleppen aus den Vorratskammern in den hohlen Bäumen die Zutaten heran, aus denen Honigtrunk, Butterblumenbrot, Dotterblumenkuchen und Pollenpudding zubereitet werden. Ist das ein Rühren, Lachen und Probieren!

Zuletzt kommt das Wichtigste – die Kostüme!Der Blütenball ist nämlich auch der Karneval der Elfen. Jede will die schönste Robe tragen. Aus Blütenblättern, Daunen, Federn, Beeren, Samen und zartestem Gespinst nähen sie mit Spinnenfäden die fantasiereichsten Kreationen und schmücken sie mit funkelnden, in allen Farben glitzernden Tautropfen.

Die Elfenbuben lieben dagegen verrückte Kostüme. Sie machen sich riesige Hüte, basteln sich Stelzen aus Blütenstängeln oder verkleiden sich als Schmetterlinge, Käfer oder Früchte. Fleißig proben die Elfenmusikanten und der gemischte Elfenchor übt sein diesjähriges Blütenball-Lied.

Endlich ist soweit: Der Blütenball beginnt. Die Trompetenelfen blasen eine Fanfare und alle Elfen drängeln und recken die Hälse, um die Königin zu sehen. Dieses Jahr erscheint

sie in einem besonders prächtigen Blütenkostüm mit langer Schleppe.

Nun wird ausgelassen gefeiert, getanzt, gegessen und getrunken, bis die Königin auf dem Höhepunkt des Festes in die Hände klatscht und verkündet, dass nun alle Elfen mit ihren Wünschen zu ihr kommen dürfen.

Eine nach der anderen treten die kleinen Elfen vor, manchmal an der Hand von älteren Freunden, wenn sie zu schüchtern sind, ihre Wünsche selbst vorzutragen. Unter denen, die einen Wunsch haben, ist auch Imme, die ein hübsches Löwenzahnkostüm trägt.

»Bist du nicht Imme, die schnellste kleine Fliegerin des Elfenlandes?«, fragt die Königin freundlich. Vor Aufregung flattert Imme mit ihren zarten Flügeln und vergisst ganz, was sie sagen wollte.

»Ich glaube, du möchtest um eine Arbeit bitten, bei der du deine fliegerischen Fähigkeiten einsetzen kannst«, sagt die Königin.

»Ja, das stimmt«, ruft Imme. »Ich wäre gerne Wetterbeobachterin.«

Die Elfen des Hofstaats nicken zustimmend. Die Wetterbeobachter müssen den ganzen Tag fliegend unterwegs sein und Ausschau halten nach Zeichen, die eine Wetteränderung ankündigen. Die Elfen müssen ja wissen, ob sich ein Gewittersturm zusammenbraut, ob mit Regen oder Sonnenschein zu rechnen ist.

»Ich denke, das ist eine wunderbare Aufgabe für dich«, sagt die Königin. Mit einem tiefen Knicks und überglücklich, nun Wetterbeobachterin zu sein, gesellt sich Imme wieder den anderen zu.

Als Nächste tritt die Hofdame Melanzane vor, einen kleinen, schüchternen Elf an der Hand. »Er möchte, dass du ihm einen neuen Namen gibst«, sagt sie zur Königin.

»Wie wirst du denn genannt?«, fragt ihn die Königin.

»Hetschepetsch«, murmelt der kleine Elf und wird ganz rot.

Die Königin muss lächeln. Tatsächlich hat der kleine Elf mit seinen roten Bäckchen Ähnlichkeit mit einer Hagebutte. Aber sie versteht, dass er sich mit diesem lustigen Namen gehänselt fühlt.

»Was hältst du von Tulipan?«, fragt sie den Kleinen. »Au fein«, schreit Hetschepetsch, »Tulipan ist ein schöner Name!« Und fröhlich springt er davon.

Endlich haben alle Elfen der Königin ihre Wünsche vorgetragen. Nur eine kleine Elfe in einem Kostüm aus Gänseblümchenblüten steht noch mit gesenktem Kopf da. Schließlich fasst sie sich ein Herz und flüstert: »Euer Hoheit, auch ich möchte um einen Namen bitten.«

»Wie rufen dich denn deine Freunde, wenn du ihnen zu Hilfe kommen sollst?«, fragt die Königin.

»Gar nicht. Ich spüre, wenn sie Hilfe brauchen, und bin zur Stelle, ehe sie mich rufen.«

Die Königin winkt die kleine Elfe nahe zu sich heran und fragt sanft: »Und welche Arbeit möchtest du gern übernehmen?«

»Auch das weiß ich nicht«, wispert die kleine Elfe. »Alles, was die Elfen tun, finde ich so interessant, dass ich alles lernen und wissen möchte. Bitte, Majestät, verlangt nicht, dass ich mich für eine Sache entscheide!«

Die Früchte des Waldes

Es ist ein milder, warmer Spätsommertag, als alle Elfen zusammenkommen. Die goldenen Felder sind rot getupft mit den leuchtenden Blüten des Klatschmohns, die Äste der Obstbäume biegen sich unter der Last der Früchte und an den Hecken prangen saftige Beeren. Für die Menschen beginnt jetzt die Erntezeit. Und auch die Elfen müssen ihre Wintervorräte anlegen.

Der Sommer im Elfenland ist eine gemütliche Zeit. Die jungen Elfen wandern zwischen den Blumen umher, lernen deren Namen und schauen zu, wie Bienen und Schmetterlinge die Blüten besuchen, um deren Nektar zu sammeln. Die älteren Elfen sprechen magische Zauberformeln, die die Sonnenstrahlen zu den Früchten lenken, damit sie reif, saftig und süß werden. Die großen Elfen genießen es, wenn die warme Sommerbrise durch ihre langen Haare weht. Unter Blättern versteckt, beobachten sie die kleineren Elfen, die fröhlich spielend herumflattern. Obwohl die Nachmittagsschatten langsam länger werden, kann sich noch niemand vorstellen, dass bald die dunklen, kalten Wintertage kommen.

Doch nichts bleibt, wie es ist. Die Elfen wissen, dass der Sommer langsam in den Herbst übergeht. Es wird Zeit, die Früchte des Waldes und der Felder zu sammeln, um Vorräte für den Winter anzulegen. Denn nicht nur die Elfen, auch die kleinen Tiere des Waldes brauchen Nahrung in den kalten Wintertagen.

Von nah und fern kommen die Elfen an einem bestimmten Sommertag in der Waldlichtung zusammen. Die bevorstehende Arbeit muss besprochen werden und auch, wie man nach getaner Arbeit feiern will.

Die Sonnenstrahlen tupfen leuchtende Flecken auf das weiche Moos der Lichtung. Wie das Läuten kleiner Glöckchen klingt das Stimmengewirr der Elfen durch den Wald.

»Ruhe bitte!«, ruft ein silbernes Stimmchen. Doch das Geschnatter des Elfenvolkes geht unbeirrt weiter. Freunde und Verwandte, die sich lange nicht gesehen haben, müssen sich begrüßen und Neuigkeiten austauschen.

»Meine Elfen!« Die silberne Stimme klingt schon deutlich eiserner, doch noch immer tritt keine Ruhe ein.

Die Elfenkönigin gibt einem kleinen Elf in blauer Blütenuniform ein Zeichen. Er hebt seine Schneckenhaus-Trompete an die Lippen, bläst mit aller Kraft hinein und ein erstaunlich lautes Signal erschallt. Augenblicklich herrscht Ruhe auf der Lichtung, nur ein paar übereifrige Honigbienen summen noch.

»Liebe Elfenfreunde!«, ruft die Königin mit lauter Stimme, damit alle sie hören können, »ich freue mich, dass ihr alle erschienen seid. In diesem Jahr wird unsere Arbeit besonders schwer sein. Der Regen und die milde Sonne haben für gutes Wachstum gesorgt, entsprechend groß wird die Ernte sein. Doch hinterher werden wir auch umso fröhlicher feiern. Sind alle Teams bereit?«

Wieder gibt es Lärm und großes Durcheinander. Doch bald haben sich die jeweiligen Erntegruppen zusammengefunden und hocken auf Zweigen oder am Boden beieinander.

»Früchte und Beeren!«, ruft die Königin, »seid ihr bereit?«

»Wir sind bereit!«, meldet der Anführer einer Gruppe blau, violett und rot gekleideter Elfen.

»Ausgezeichnet«, lobt die Königin und fährt ermahnend fort: »Aber dass mir dieses Jahr nicht wieder Unsinn getrieben wird!« Im vergangenen Jahr nämlich hatten kleine Elfen etwas entdeckt: Wenn man mit beiden Beinen zugleich auf die am Boden liegenden Beeren sprang, dann spritzte in hohen Fontänen der Saft heraus. Was für ein Riesenspaß! Leider hatte eine Daunenelfe versehentlich eine kräftige Ladung Heidelbeersaft abbekommen und sich deshalb bei der Königin beschwert.

»Feldelfen, seid ihr bereit?«, ruft die Königin die nächste Gruppe auf. »Hier!«, meldet sich die Älteste der goldgelben Elfen, die die Getreidefelder nach zurückgelassenen Körnern absuchen.

Eine Erntegruppe nach der anderen ruft die Königin auf: Die kupferfarbene Mannschaft, die Nüsse und Samen einbringt, die blassen Schwebelfen, die Distelwolle und Marienseide sammeln, die kräftigen braunen Arbeiter, die schwere Eicheln und Kastanien herbeischleppen, und die flinken Flieger, die gerade von den Bäumen fallende Blätter fangen, ehe sie den Boden berühren, denn diese Blätter besitzen magische Kräfte.

Zuletzt bleibt nur noch ein kleines Elfengrüppchen zurück. Es sind die schreibkundigen Verwalter. Auf winzigen Rindenstückchen vermerken sie, was in diesem Jahr in welchen Mengen geerntet wurde und in welche Lagerstätten es gebracht wird. Denn im Winter muss man die Vorräte nicht nur wiederfinden, man muss auch wissen, wie viel noch da ist.

Gerade will die allein in der Lichtung zurückgebliebene Königin mit den Vorbereitungen für das große Erntefest beginnen, als sie ein leises Schluchzen vernimmt. Unter der knorrigen Wurzel eines alten Baumes versteckt, findet sie eine kleine Elfe. Weinend hockt sie da und hat das Gesicht mit den Händen bedeckt.

»Was ist los mit dir?«, fragt die besorgte Königin freundlich.

»Ach, Euer Majestät«, berichtet das Elfchen stotternd unter Tränen, »ich, ich bin ja so traurig. Aber, aber, ich ha-habe mich in einem Spinn-Spinn-Spinnennetz verfangen. Nun bin ich zur Ernte zu spät und darf nicht am Erntefest teilnehmen.«

Der ungebetene Gast

Alle sind sich einig, dass es seit Elfengedenken keine so gute Ernte gegeben hat. Die kleinen Elfen sind erschöpft, aber glücklich. Körner, Nüsse, Beeren und Samen sind in den hundert geheimen Lagerstätten gut verstaut. Das Fest zum Ende der schweren Arbeit haben sich die Elfen redlich verdient.

Als die Sonne sinkt, kommen die Glühwürmchen und Leuchtkäfer und schlüpfen wie vereinbart in die Lampions.

Für alle gibt es reichlich zu essen und zu trinken. Manche der kleinen Elfen essen so viel, dass sie kugelrunde Bäuche bekommen. Dann spielt das Elfenorchester mit seinen Rohrflöten, Grashalm-Geigen, Nussschalen-Trommeln, Schneckenhaus-Trompeten und Samenschoten-Rasseln

eine so schmissige Musik, dass die Elfen nicht länger an sich halten können und zu tanzen beginnen.

Die Königin sitzt auf ihrem Thron am Fuß der mächtigen Eiche und schaut dem Treiben lächelnd zu. Sie ist glücklich, dass ihr Elfenvolk so fröhlich und ausgelassen ist. Und schließlich, als das Orchester die Musik zur großen Elfenpolonäse spielt und die Elfen sich

an den Händen fassen, um eine lange Kette zu bilden, da reiht auch die Königin sich ein.

Wie auf einer Achterbahn tanzt die Elfenkette in tollkühnen Schleifen und Bögen auf und ab, und wie in einem Karussell geht es schneller und schneller im Kreis herum. Alle schreien und kreischen vor Vergnügen, bis …

Huuu! Huuu! Wozuhuuhuu

dieses laute Getuuu?

Der dumpfe, laute Ruf kommt aus der Krone der großen Eiche. Verwirrt stürzen die Elfen zu Boden und das Orchester verstummt. Auf mächtigen Schwingen gleitet ein riesengroßer Vogel herab und lässt sich auf einem der unteren Äste nieder. Seine kreisrunden, großen Augen leuchten in der Dunkelheit. Es ist eine Eule.

Elfen sind sehr sanfte Wesen, die alle Pflanzen und Tiere gern haben, doch vor den Eulen haben sie gewaltige Angst. Sie wissen, dass es rätselhafte Vögel sind, die bei Nacht lautlos fliegen können, ohne je irgendwo anzustoßen, und dass sie mit ihren scharfen Krallen und Schnäbeln kleine Waldtiere fangen, um sie zu fressen.

Obwohl auch sie Angst hat, tritt die Königin der Eule tapfer entgegen: »Wir feiern unser Erntefest, wie es bei uns Sitte ist«, spricht sie mutig mit lauter Stimme. »Darf ich fragen, mit wem ich die Ehre habe?«

»Ich bin Bubo, der Uuhuu, Madame«, entgegnet die Eule. »Und hier in dieser Eiche habe ich meine Wohnstuuube.«

»Ich bitte um Verzeihung, wenn wir Sie belästigt haben sollten«, entgegnet die Elfenkönigin. »Unser Fest dauert traditionell bis zum Morgengrauen. Darf ich Sie einladen, daran teilzunehmen?«

»Zuu güütig!«, ruft Bubo. »Doch schauen Sie zum Himmel, was sehen Sie?«

Stirnrunzelnd blickt die Königin nach oben. »Oje, der Mond ist ja verschwunden!«

»Duhunkle Wolken verdecken ihn, Madame. Ein Stuhurm braut sich zusammen. Sie und Ihr Elfenvolk sind in höchster Gefahr.«

Zitternd halten sich die Elfen an den Händen, als sie das hören. Wo sollen sie Schutz suchen? Auch der Königin steht die Sorge ins Gesicht geschrieben. Bubo bemerkt es sehr wohl und spricht freundlicher:

»Mein Baum hier ist uuuralt und lang schon hohl. Meine Stuuhube ist groß. Groß genuuug für alle Elfen.« Bubo zwinkert mit einem Auge und fügt hinzu: »Groß genuuug für ein Elfen-Erntefest.«

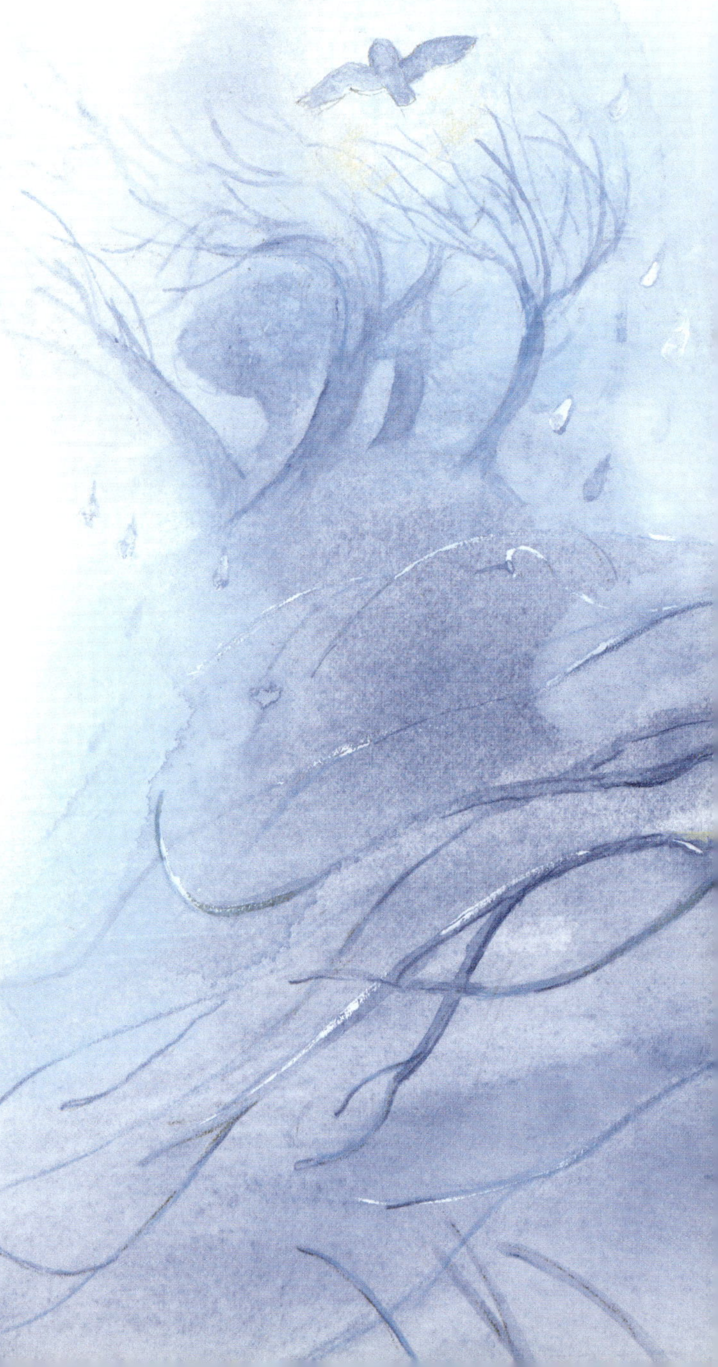

Im Nu sind alle Elfen durch das Loch in der alten Eiche geklettert, das Bubo ihnen zeigt. Auch die Leuchtkäfer und Glühwürmchen kommen mit. Im Innern des hohlen Stamms ist es so warm und gemütlich, dass die Elfenmusiker wieder zu spielen beginnen. Und bald herrscht wieder fröhliche Feststimmung.

Nur die Königin steht am Eingang der Baumhöhle und beobachtet, wie der immer stärker wehende Wind die

Zweige biegt und die Blätter zaust. Und dann fallen die ersten schweren Regentropfen und zerreißen die auf der Lichtung zurückgelassenen Blütenkissen.

Die Königin lächelt wehmütig. »Es ist jedes Jahr dasselbe«, denkt sie. »Nach der fröhlichen Ernte kommt der kalte Winter. Die Regentropfen sind seine Boten, die uns melden, dass wir uns Winterquartiere suchen müssen.«

Aus den Zweigen über ihr flüstert eine freundliche Stimme: »Zuuhuu traurig, nicht wahr?«

»Ja«, wispert die Königin zurück. »Doch vergessen Sie nicht, auf jeden Winter folgt auch wieder ein Frühling.«

»Wie wahr, Madame«, stimmt Bubo zu, »und wie guhut!«

Eine Winterreise

Wenn die kalten, dunklen Wintertage kommen, gibt es für die Elfen nur eins zu tun. Sie müssen sich ein behagliches Heim suchen, in dem sie überwintern und auf die ersten Zeichen des neuen Frühlings warten können. In dieser heimeligen Zeit erzählen sich die Elfen Geschichten aus dem Elfenland und singen die alten zauberhaften Elfenlieder.

Sobald die Ernte eingebracht ist, beginnen die Elfen mit der Suche nach einem geeigneten Winterquartier. Manche Elfen nehmen mit einem verlassenen, weich mit Federn ausgepolsterten Vogelnest vorlieb, andere bevorzugen eine behagliche Baumhöhle, wieder andere wählen sich die Ecken und Winkel unter den knorrigen Wurzeln der Bäume. Immer aber sind die Elfen darauf bedacht, dass sie ihre Freunde und ihre Familie in der Nähe haben, denn keine Elfe ist gern allein. Wem auch sollten sie sonst die alten Geschichten erzählen?

Die Elfen bleiben im kalten Winter gern in ihren Wohnungen, andere Wesen aber sieht man draußen im Winterwald. Vor allem Vögel hüpfen auf den kahlen Zweigen umher und tragen den Elfen die letzten Neuigkeiten zu. Vögel sind nämlich entsetzlich schwatzhaft und lieben den Tratsch. Doch manchmal hat solche Klatschsucht auch ihr Gutes.

Die Elfenkönigin verbringt die Wintermonate immer in ihrer mit Moosen ausgekleideten, geräumigen Erdhöhle. Hier ist es kuschelig warm und hier ist sie vor allen Unbilden des harschen Winterwetters, vor Schnee und Sturm und Kälte, sicher.

Eines Tages jedoch spürt die Königin, dass die Kälte von draußen bis in ihren winzigen Körper gekrochen ist. Sie zittert und hustet und hüllt sich enger ihre Decke aus Marienseide, doch es hilft nichts. Am Abend ist die Königin ernstlich krank, und die Elfen ihres Hofstaates können nichts für sie tun.

»Berichte es den anderen!«, ruft eine Elfe einem Rotkehlchen zu, das neugierig zum Eingang der Höhle gekommen ist. »Wir wissen nicht, was wir tun sollen. Vielleicht weiß eine andere Elfe Rat.«

Begierig, eine Neuigkeit verbreiten zu können, fliegt das Rotkehlchen davon.

Elfen sind normalerweise niemals krank, denn sie leben an der frischen Luft und ernähren sich von all den guten Dingen, die die Natur ihnen bietet. Als sie von der Krankheit der Königin hören, sind alle Elfen traurig, besorgt und ratlos.

»Sie braucht Sonnenschein«, sagt die weise alte Elfe Thuja. »Und frisches Quellwasser.«

»Aber jetzt gibt es keinen Sonnenschein«, jammert eine andere Elfe und schaut zum bleigrau verhangenen Himmel hinauf. »Diese Wolken bringen Schnee, viel Schnee!«

Thuja lässt sich nicht beirren. »Erzähl mir alles, was du weißt«, bittet sie den Vogel, der die schlimme Nachricht brachte. »Ist die Königin blass? Hat sie Fieber? Ist sie müde?«

Der aufgeregt flatternde Vogel erzählt Thuja alles, was er weiß, aber er hat seine Informationen von anderen Vögeln, und so kann er nichts Genaues sagen. Thuja krabbelt in die Baumhöhle zurück, in der sie wohnt, um sich mit ihren Freunden zu beraten.

»Ich hab's!«, ruft sie plötzlich und ihre Augen leuchten. »Ich werde der Königin den Sonnenstrahl bringen, den wir eingefangen haben, um unser Heim zu beleuchten und zu wärmen.«

»Eine gute Idee«, stimmt ihre Freundin Tilia zu. »Wir werden zwar leider im Dunkeln hocken und frieren, aber die Gesundheit der Königin geht vor. Die Frage ist nur, wie bekommen wir den Sonnenstrahl zu ihr hin?«

»Ich werde ihn zu ihr bringen«, sagt Thuja mit Entschlossenheit. »Es wird nicht einfach sein, denn ich muss zu Fuß gehen. Aber der Sonnenstrahl wird mich unterwegs wärmen.«

Die kleinen Elfen, die zusammen in der Baumhöhle wohnen, blicken zur Decke hinauf, wo eine warm leuchtende Kugel schwebt. Sie besteht aus einem eng gewebten Netz aus Spinnenfäden. Im Sommer war es den Elfen gelungen, mit diesem Netz einen Sonnenstrahl einzufangen, der durch das dichte Blattwerk eines Baumes auf den Boden der Waldlichtung gefallen war.

Thuja holt die Kugel von der Decke und begibt sich auf ihre große, beschwerliche Wanderung. Noch nach vielen, vielen Jahren werden die Elfen von dieser Reise erzählen. Im Winter können Elfen nicht fliegen; ihre hauchzarten Flügel würden in der Kälte gefrieren und zersplittern wie Glas. Obwohl sie in einen warmen Federmantel gehüllt ist und den Sonnenstrahl fest an sich drückt, spürt Thuja die beißende Kälte.

Ohne sich Rast und Ruhe zu gönnen, marschiert sie vom Morgen bis zum Nachmittag. Es ist ein mühsames Vorankommen, denn Thuja muss über Stock und Stein klettern und dabei immer die Kugel mit dem Sonnenstrahl fest in den Armen halten.

Gegen Mittag sind ihre Füßchen schon ganz wund und ihre zarten Zehen sind eiskalt. Zum Glück weiß sie genau, wie sie zu gehen hat, denn ein angeborener Instinkt sagt den Elfen immer, wo sich ihre Königin aufhält.

Tapfer setzt Thuja Fuß vor Fuß, doch dann geschieht etwas Schreckliches. Es beginnt zu schneien. Dicke, weiche Flocken fallen vom Himmel. Erst einzelne wenige, dann mehr und immer mehr, bis ein wahres Schneegestöber daraus wird. So heftig ist das Schneetreiben, dass Thuja die Baumwurzel auf ihrem Weg nicht sieht. Sie stolpert, sie fällt, und die Kugel mit dem Sonnenstrahl kullert ihr aus den Armen!

Starr vor Schreck schaut Thuja zu, wie die Kugel über den frischen Schnee den Hügel hinabrollt. Mit einem entsetzten Schrei rennt sie so schnell sie kann hinterher, denn sie muss fürchten, dass das zarte Gespinst aufreißt und der kostbare Sonnenstrahl entweicht!

Doch die leichte Kugel rollt und rollt, bis sie – *plop* – am Fuß des Hügels in einen Bach fällt. Hilflos muss Thuja zusehen, wie das reißende Wasser die Kugel davonträgt.

»Spring auf, wir erwischen sie noch!«, zischt eine Stimme. Wie aus dem Nichts ist aus dem Schnee ein Schwan aufgetaucht, selbst so schneeweiß, dass man ihn kaum erkennen kann.

Ohne nachzudenken, springt Thuja auf den Rücken des Schwans und kuschelt sich in sein wärmendes Gefieder. Schnell schwimmt der Schwan der hüpfenden Kugel hinterher, aber er kann sie nicht einholen. Zu ihrer großen Erleichterung bemerkt Thuja, dass der Bach in einen großen See mündet. Sie kann die Kugel sehen, die jetzt ganz sacht auf dem ruhigen Wasser treibt.

»Es wäre besser, du würdest die Nacht hier verbringen«, sagt der Schwan. »Schlaf dich auf meinem Rücken aus. Ich werde auf die Kugel aufpassen. Morgen setze ich dich am Ufer ab und du kannst deinen Weg fortsetzen.«

Die erschöpfte Elfe hat die letzten Worte kaum noch gehört. Das Gefieder des Schwans ist wie ein weiches Himmelbett. Sicher, dass der Schwan sein Versprechen halten wird, schläft Thuja ein und träumt einen wunderbaren Elfentraum.

Am nächsten Morgen setzt sie gestärkt und ausgeruht ihren Fußmarsch fort. Sie spürt, dass sie der Königin schon ganz nahe ist und vor lauter Freude wird sie übermütig. Schon hat sie den Eingang der Erdhöhle vor Augen, da rutscht sie auf dem lockeren Schnee aus und fällt – doch diesmal hat sie die Kugel fest in den Armen und lässt sie nicht los.

Thuja wagt kaum zu atmen, als sie mit der Kugel in den Armen die Höhle der Königin betritt. Ein trauriges Bild bietet sich ihr. Still und blass liegt die Königin auf ihrem Bett aus Eiderdaunen. Die Elfen des Hofstaats stehen ratlos am Fußende des Lagers und nicht wenige haben Tränen in den Augen.

Thuja verliert keine Zeit. Sie tritt an das Bett der Königin, reißt die Kugel auf und lässt den Sonnenstrahl frei. Sofort ist der ganze Raum in helles, warmes Sonnenlicht getaucht, das einen strahlenden Glanz auf das liebliche Gesicht der Königin zaubert.

Die Elfenkönigin öffnet die Augen. Sie setzt sich auf und schaut sich um. »Wie wunderlich ist mir, und wie wohl und warm!«, sagt sie. »Es ist, als wäre es Sommer. Ich danke dir, meine Liebe!« Überglücklich sirren und schwirren die Elfen umher und bereiten sofort ein großes Festmahl für die Königin und ihre Lebensretterin Thuja.

Und da es zu gefährlich wäre, mitten im Winter die Rückreise anzutreten, darf Thuja bis zum Frühjahr in der Höhle der Königin als deren Ehrengast verweilen.

Die Geheimnisse des Schnees

Der Schnee, der zu fallen anfängt, als sich Thuja auf ihre Reise zur Königin begibt, legt eine kurze Pause ein. Dann aber schneit es heftiger als zuvor eine ganze Woche lang. Die Welt ist weiß, so weit das Auge blickt. Wie eine dicke Daunendecke liegt der Schnee auf der Landschaft, auf den kahlen Ästen der Bäume und auf allen Pflanzen. Die Seen und Tümpel sind zugefroren, nur das Wasser des kleinen Baches plätschert noch unter der eisigen Schneedecke. Der dicke Schnee dämpft alle Geräusche, und so scheint die Welt merkwürdig ruhig und still.

Wochenlang ist es klirrend kalt. Und obwohl die Sonne strahlend am Himmel steht, hat sie nicht die Kraft, das Eis zu tauen. Nur wenige Tiere wagen sich in die Kälte hinaus. Wozu auch? Alles Fressbare liegt tief unter dem Schnee verborgen. Nur die Vögel machen sich einen Spaß daraus, ihre kralligen Fußspuren in den Schnee zu drücken.

Auch den Elfen käme es nicht in den Sinn, jetzt nach draußen zu gehen. Fliegen können sie wegen der Kälte nicht. Und im lockeren, frisch gefallenen Schnee könnten sie leicht versinken. Doch eine kleine Rasselbande von jungen Elfen ist ganz gebannt von der Winterwunderwelt. Zu gern möchten sie wissen, wie es ist, da draußen in der frostigen weißen Landschaft.

»Täuscht euch nicht«, warnt eine Blumenelfe. »Eine einzelne Schneeflocke ist leicht. Doch in der Masse werden sie sehr, sehr schwer. Der Schnee kann euch erdrücken. Es ist sehr gefährlich da draußen!«

Aber die kleinen Elfen sind neugierig und wollen sich nichts sagen lassen. Sie wollen die spannenden Geheimnisse des Schnees und der Winterwelt selbst ergründen.

Eine Tages hat Sirius, der kleinste, aber hellste Elf von allen, eine Idee.

»Wir gehen nicht wirklich nach draußen«, kräht er. »Wir gehen sozusagen drinnen nach draußen!«

»Aber Sirius, was soll denn das heißen?«, lachen die anderen Elfen. »Das ergibt doch gar keinen Sinn!«

Doch Sirius weiß genau, was er sagt, und er erklärt es den anderen. »Unten im Keller des Baumstumpfs, in dem wir wohnen, ist ein großes Loch«, sagt er. »Vor diesem Loch türmt sich der Schnee. Ich habe ihn heute Morgen angefasst, er ist ganz weich.«

»Was für eine Neuigkeit!«, sagt Wega spöttisch.

»Ihr versteht nicht«, beharrt Sirius. »Mit der bloßen Hand kann man ein Loch hineingraben.«

Jetzt hat er endlich ihre Aufmerksamkeit erregt. Interessiert schauen sie ihn mit großen Augen an. »Du meinst, wir könnten den Schnee wegschaufeln?«, fragt Spika.

»Und eine Art Tunnel graben?«, ergänzt Mira.

»Ja! Und dann können wir in dem Schneetunnel nach draußen, wie ich gesagt habe.«

Die vier Elfen finden die Idee großartig. Aber da sie fürchten, die großen Elfen könnten ihnen ihr Vorhaben verbieten, halten sie ihren Plan geheim. Sowie die Gelegenheit günstig ist, schleichen sie zu dem Loch, von dem Sirius gesprochen hatte. Tatsächlich lässt sich der Schnee mit den Händen ganz leicht wegschaufeln, wenn er auch verflixt kalt ist. Dann macht Wega eine weitere Entdeckung.

»Man muss den Schnee nicht wegschaufeln«, sagt sie. »Seht mal, man braucht ihn nur zur Seite zu drücken. So wird er fester, und wir brauchen keinen ausgebuddelten Schnee wegzuschaffen.«

Noch ehe der Morgen herum ist, haben die vier Elfen vom Baumstumpf aus einen Tunnel zur Lichtung gebaut. Er ist nicht sehr hoch. Gerade genug, dass eine kleine Elfe gebückt hindurchgehen kann. Und es ist gar nicht dunkel in dem Gang, denn irgendwie kann das Tageslicht durch die Decke des Tunnels scheinen.

Die kleine Elfenbande ist von ihrem neuen Zeitvertreib ganz begeistert. Während der nächsten Tage graben sie immer mehr Gänge und Stollen, ja sie bauen sogar kleine Kammern mit Schneebänken, auf denen man gemütlich sitzen kann. Und selbstverständlich kann man in dem Netz aus Gängen und Stollen auch herrlich Verstecken und Fangen spielen!

Eines Morgens, als Sirius und seine Gefährtinnen johlend durch einen der Gänge schlittern und nicht rechtzeitig stoppen können, purzeln sie einer über den anderen, knallen mit Karacho gegen das Ende der Tunnelwand und finden sich – mitten in der Wohnhöhle einer benachbarten Elfenfamilie! Erst sind natürlich alle ganz furchtbar erschrocken. Doch als man begreift, was geschehen ist, da ist die Freude riesengroß.

Es dauert nicht lange, bis alle Elfen, die in den beiden Baumstümpfen wohnen, von dem Gang wissen, der ihre Behausungen verbindet. Die großen Elfen können den vier kleinen nicht wirklich böse sein. Es macht viel zu viel Spaß, dass man sich nun trotz des Schnees und der Kälte draußen gegenseitig besuchen kann. Und weil jetzt so viele Elfen unterwegs sind, müssen mehr und immer mehr Gänge angelegt werden.

Eines Morgens aber, als eine der Elfen gerade durch den Haupttunnel eilt, um mit den Nachbarn jenseits der Lichtung einen Schwatz zu halten, da fällt ihr – *plop* – ein dicker Wassertropfen genau auf den Kopf!

Zuerst weiß die Elfe gar nicht, wie ihr geschieht. Doch als sie sieht, dass ihr schönes Kleid pitschnass ist, hat sie keinen Zweifel mehr. »Hilfe«, schreit sie und rennt so schnell es geht nach Hause. »Hilfe, es regnet im Tunnel!«

Hederich, der älteste Elf in der Baumstumpfwohnung, schüttelt den Kopf, als er den Bericht der Elfe hört. »Nein«, sagt er, »das ist kein Regen. Tauwetter hat eingesetzt. Der Schnee schmilzt!«

»Dann sind unsere Kleinen in Gefahr!«, ruft eine andere der älteren Elfen. »Das Schmelzwasser wird Tümpel bilden, darin können sie ertrinken. Und was, wenn die Decken der Tunnel einbrechen? O weh, o weh, was können wir nur tun?«

»Wir müssen alle Elfen im Tunnel warnen«, sagt Hederich. »Wo ist die Schneckenhaus-Trompete? Und bringt mir große, glatte Blätter, am besten von einer Stechpalme.«

Es dauert nicht lange und Hederich zieht durch die Gänge des Tunnels. Auf dem Kopf hat er einen Hut aus Stechpalmenblättern, von denen das tropfende Wasser zu beiden Seiten hin abperlt. Während er läuft, bläst er mit aller Kraft in das Schneckenhaus. Alle Elfen erkennen den Signalton, sie wissen, dass er Gefahr bedeutet, und so laufen alle rasch in ihre jeweiligen Baumstumpfwohnungen.

»Wie schade, dass wir jetzt nicht mehr in den Gängen spielen können«, sagt Sirius, als alle in Sicherheit sind.

Hederich grinst. »Dummerchen«, sagt er, »weißt du nicht, was es heißt, wenn der Schnee schmilzt? Wir werden bald wieder nach draußen gehen können. Ein neuer Frühling steht vor der Tür!«

Tagelang warten die Elfen und lauschen auf das *Plitsch!* und *Platsch!*, das der zu Wasser schmelzende Schnee macht, und auf das laute *Schlopp!*, wenn von einem der dicken Äste eine Schneeladung auf den Boden kracht. Langsam wird es wärmer und eines Tages stiehlt sich ein erster Sonnenstrahl durch eine Ritze im Baumstumpf.

»Meinst du, wir können jetzt...?«, fragt Wega.

»Noch nicht«, antwortet Hederich lächelnd, »aber bald!«

Und eines Morgens ist es soweit. Ganz früh wachen die Elfen auf. Zuerst verstehen sie noch nicht, warum, doch dann begreifen sie es. Draußen zwitschern laut die Vögel. Von jedem Baum erschallt ihr fröhliches Tschilpen und Quirilieren.

Eine nach der anderen krabbeln die Elfen aus dem Baumstumpf. Noch ist es sehr kühl draußen, doch die Sonne scheint, und munter fliegen und flattern die Vögel umher.

»Oh, seht mal«, ruft Mira, »da drüben liegt ja noch Schnee!«

»Kein Schnee, kleine Mira«, sagt Hederich und kann ein Grinsen nicht unterdrücken. »Das sind Schneeglöckchen. Die ersten Blumen des Frühlings. Ein neues, wunderschönes Jahr beginnt gerade.«